ÉTUDES SOCIALES

LA PROPRIÉTÉ

DEVANT

le Droit naturel

PAR

F. DUGAST

Ancien Professeur de Philosophie.

PRIX : **1** FR. **25**

PARIS, 5e

V. GIARD & E. BRIÈRE

LIBRAIRES-ÉDITEURS

16, RUE SOUFFLOT ET RUE TOULLIER, 12

—

1904

LA PROPRIÉTÉ

DEVANT

LE DROIT NATUREL

ÉTUDES SOCIALES

LA PROPRIÉTÉ

DEVANT

le Droit naturel

PAR

F. DUGAST

Ancien Professeur de Philosophie.

PRIX : **1** FR. **25**

PARIS, 5ᵉ

V. GIARD & E. BRIÈRE

LIBRAIRES-ÉDITEURS

16, RUE SOUFFLOT ET RUE TOULLIER, 12

LA PROPRIÉTÉ

DEVANT

LE DROIT NATUREL

LA PROPRIÉTÉ

De même que, dans les temps passés, on s'est beaucoup plus préoccupé de fortifier le pouvoir que de l'établir sur ses bases légitimes, de même on s'est beaucoup plus inquiété d'assurer le respect de la propriété que de lui imposer les conditions qui la rendent respectable. De temps immémorial, les lois ont été faites par les forts contre les faibles, et elles ont eu pour but de sanctionner le maintien de privilèges conquis par les abus de la force à l'égard de la faiblesse. Les premiers hommes qui ont eu le dépôt du pouvoir, et les premiers hommes qui ont occupé la terre, se sont efforcés de transformer ce dépôt et cette occupation en un droit inviolable pour eux et pour leurs descendants. Le progrès social a fini par ruiner la théorie du droit héréditaire des souverains ; mais si les principes du gouvernement sont en voie de réforme, la propriété conserve toujours son caractère traditionnel imposé par la force ; et, au milieu du progrès de toutes choses, l'oppression exercée par les possesseurs du sol, et par les capitalistes qui ont monopolisé l'industrie et le commerce, engendre des misères non moins lamentables que celle des temps anciens, en dépit des dehors et des formules de la civilisation.

Les lois sociales des temps modernes acceptent la propriété pour légitime, conformément à la tradition, et elles en garantissent la jouissance, sans se préoccuper beaucoup de son origine, de laquelle seule dépend sa légitimité. « La propriété, dit le Code civil, est le droit de jouir et de disposer des choses de la manière la plus absolue, pourvu qu'on n'en fasse pas un usage prohibé par les lois ou par les règlements. » Cette définition ne détermine que l'usage et la jouissance des biens ; et, en en limitant l'usage par les lois et par les règlements, qui sont toujours faits par les riches, elle ouvre la voie à la violation du droit naturel, qui n'a de limite que le droit naturel des autres ; car les lois sociales ne sont jamais autorisées à porter atteinte aux droits qui prennent leur origine dans la nature.

« Le droit de propriété, d'après la Constitution de l'an III, est celui qui appartient à tout citoyen de jouir et de disposer à son gré de ses biens, de ses revenus, du fruit de son travail et de son industrie. » Comme la précédente, cette définition ne nous fournit aucun éclaircissement sur le fondement du droit de propriété ; elle admet pour légitime la possession des biens dont l'usage a consacré l'appropriation, comme si l'appropriation avait toujours pour conséquence le droit de propriété. Elle a cependant l'avantage d'avoir affirmé le droit des travailleurs sur le fruit de leur travail ; et elle n'a pas subordonné le droit de jouir de ce que l'on possède aux réglementations conventionnelles, qui sont souvent injustes et toujours dangereuses, soit parce qu'elles compriment arbitrairement la liberté naturelle, soit parce que les prohibitions fixées par les règlements ne répriment pas toutes les atteintes que peut subir la liberté, et permettent ainsi aux propriétaires et aux capitalistes de se croire autorisés à faire de leur fortune tout usage qui n'est pas interdit par les lois positives. C'est pourquoi le capital a pu, sans se mettre en opposition avec la loi, devenir, à l'égard du travail, l'instrument d'une épouvantable oppression.

Lucrèce présumait que la terre fut partagée, au début de la vie sociale, en proportion de la force, de l'intelligence, et même de la beauté. Ce n'était pas assurément un fondement de l'appropriation qui suffît à la rendre respectable. Aussi, quelle qu'en fût l'origine, changea-t-elle souvent de possesseurs dans les temps primitifs : les nations les plus fortes dépossédaient violemment les nations les plus faibles, comme les hommes les plus robustes dépouillaient les moins forts ; et ces traditions de l'âge barbare n'ont jamais pu disparaître complétement des mœurs adoucies par la civilisation. Une fois l'usurpation accomplie, il n'a jamais été demandé compte aux spoliateurs de leurs titres de possession devant le droit naturel promulgué par la raison. C'est que la possession est une force qui a donné la suprématie aux usurpateurs et ceux-ci se sont servis de cette suprématie pour imposer par des lois le respect des biens qu'ils avaient usurpés. Comme l'a fait remarquer Pascal, la force a contredit la justice et a dit qu'elle était injuste, et elle a prétendu que c'était elle-même qui était juste ; puis, par une longue continuité de l'injustice légalisée, le peuple a fini par croire que la vérité est dans les lois et coutumes, parce qu'il prend leur antiquité pour une preuve de leur vérité, et non de leur seule autorité.

La propriété est le droit à la possession d'une chose. La possession, séparée de ce droit, n'est qu'un fait matériel, qui ne nous oblige aucunement au respect. Le fait de posséder ne prouve rien ; il faut remonter à l'origine de la possession pour savoir si elle est une véritable propriété. Si un homme s'empare d'un bien et se met à en jouir sans en avoir le droit ; s'il l'a acquis par la violence ou par le dol, il possède, mais il n'est pas propriétaire ; et, si un jour la société se met en devoir de faire prévaloir le droit, elle n'aura pas à l'*exproprier*, mais à le *déposséder*. D'ailleurs, l'appropriation n'est pas elle-même synonyme de propriété, car elle ne désigne, dans le sens où nous l'employons habituellement, que le fait d'agréger à ses biens une chose à laquelle on peut n'avoir aucun droit.

Comme il est à peu près universellement reconnu maintenant que le travail est la seule origine rationnelle, et partant légitime, de la propriété, il s'ensuit que tout ce qui a été acquis au-

trement, par la force, par le dol, par l'usure sous
ses nombreuses formes anciennes et modernes,
par l'occupation première elle-même, n'est pas
une propriété, et que la société a le droit d'en
déposséder ceux qui en jouissent à ces seuls titres.
Il résulte encore de là que l'on ne peut être propriétaire que de ce qui a été créé par le travail,
soit qu'on l'ait produit soi-même, soit qu'on l'ait
reçu, par libre transmission, de ceux qui l'ont fait
naître.

Les fruits du travail peuvent être possédés soit
en nature, soit sous forme de titres conventionnels
qui en représentent la valeur. Si un homme produit plus qu'il ne consomme, il peut faire jouir
la société du surplus de sa production, et elle lui
donne en échange un titre de propriété sur la
richesse nationale. Ce titre consiste ordinairement
en monnaie d'or et d'argent ou en papier-mon-
naie. Le producteur pourrait aussi, sans doute,
comme dans les temps primitifs, échanger directe-
ment et en nature les fruits de son travail contre
les produits du travail d'autrui, et ceux-ci deviendraient son bien légitime. Mais la société peut-elle
donner à quelqu'un de ses membres, en échange
des produits de son travail ou en récompense de
ses services, un droit de propriété perpétuelle sur

une portion de la terre où elle s'est établie et qu'elle appelle son territoire national? Nous verrons que la nature n'a pas donné sur la terre aux nations et aux hommes autre chose qu'un *droit d'usage*, qui doit être limité comme leurs besoins, et ne peut durer qu'autant qu'il leur est nécessaire pour en tirer leur subsistance et leur bien-être par le travail, sans priver les autres nations et les autres hommes de ce qui leur est indispensable pour subvenir à leurs besoins essentiels et accomplir leur destinée. La société ne pourrait donc donner à un de ses membres, en échange de ses services, qu'un *droit temporaire de jouissance* sur une parcelle du fonds social ; droit qui ne pourrait durer qu'autant qu'il serait nécessaire pour acquitter la valeur des services rendus. Le droit de propriété perpétuelle n'existe pas relativement à la terre.

Celui qui possède légitimement peut user de son bien sans autre restriction que le respect des droits d'autrui et l'accomplissement des devoirs rationnels qui résultent de la vie de famille et de la vie sociale. Les lois et les règlements sont abusifs, lorsqu'ils restreignent la liberté naturelle au-delà de ce qu'exige l'accomplissement des charges et des obligations communes imposées

par les conditions rationnelles du pacte constitu-
tif de la société. Quant à ceux qui possèdent, mais
qui n'ont pas acquis le droit de propriété par leur
travail ou par le travail de ceux qui leur ont
transmis la possession, non seulement la société
n'est pas obligée à protéger les biens qu'ils se sont
appropriés, mais la justice demande réparation
pour la violation du droit.

PROTECTION DE LA LIBERTÉ
CONTRE L'OPPRESSION
DE LA RICHESSE

Aristote, avec le sens pratique qui le caracté-
rise, a posé pour limite à l'inégalité des fortunes,
« qu'elle ne puisse entraîner l'inégalité dans les
contrats et dans l'exercice des droits civiques. »
Les citoyens d'Athènes, jaloux de leur liberté,
avaient pris leurs mesures pour protéger leurs
droits contre une trop grande prépondérance de
la fortune, du talent, et même du mérite : l'os-
tracisme avait été établi contre ceux qui auraient
été tentés d'abuser de leur supériorité pour porter

atteinte à l'indépendance de leurs concitoyens.

Il est donc juste et rationnel de mettre la faiblesse des pauvres à couvert contre les excès de la puissance des riches. Or, dans l'ordre économique, l'organisation qui est sortie de la Révolution française, n'a pris aucune des mesures efficaces pour protéger contre l'oppression de la richesse les droits les plus essentiels des pauvres. Elle a détruit la seule institution qui, sous les régimes précédents, avait été établie pour permettre aux artisans de défendre la propriété de leur travail contre l'exploitation du capital, et elle n'a rien mis à la place. Les corporations étaient abusives, sans doute, en ce qu'elles monopolisaient les métiers au profit d'un nombre trop limité de travailleurs : elles avaient besoin d'une réforme qui en ouvrît l'accès à tous les ouvriers : la classe riche qu'elles gênaient pour mettre la main sur les sources de production, y trouva prétexte pour les abolir et pour confisquer les ressources qu'elles avaient en réserve. Elle isola les travailleurs pour qu'ils fussent impuissants à se protéger, et elle se réserva le droit d'associer ses capitaux pour exploiter leur travail. C'est ainsi qu'un nouveau système économique est né de la Révolution avec des tendances plus oppressives que celles de l'ancien, dont l'âpreté s'était adoucie sous l'influence des idées chrétiennes.

En moins d'un siècle, presque tous les travailleurs sont devenus des salariés, dont la majorité forme l'immense armée du paupérisme, et tous ceux qui n'ont que leur travail pour vivre sont dans l'asservissement. Par le progrès de la science, la production de la richesse a augmenté dans d'énormes proportions ; mais, par le laissez-faire des pouvoirs publics, par la tolérance des accaparements, par la faveur des monopoles, par par l'abandon de la main-d'œuvre à l'exploitation arbitraire des patrons et surtout des sociétés anonymes, par la spéculation qui écume sans travail les produits de l'industrie et de l'agriculture, par toutes sortes de moyens contraires, non aux lois que les privilégiés ont faites en leur faveur, mais à l'équité, la fortune s'est accumulée démesurément dans quelques mains improductives, tandis que les véritables agents de la production ont à peine trouvé dans leur travail la satisfaction de leurs besoins essentiels.

Par suite du désordre économique auquel a été abandonnée l'exploitation du travail national, quelques centaines de mille citoyens sont devenus à peu près seuls possesseurs des sources de la production, et, par conséquent, maîtres de la vie de tous ceux qui ont besoin de travailler pour vivre. Pour l'immense multitude des citoyens français, la liberté se résout dans une dépendance qui est fondée sur le droit de vie et de mort. Autrefois, le maître ne pouvait laisser mourir de faim son esclave ; son intérêt s'y opposait, parce que l'esclave représentait pour son maître la somme qu'il l'avait payé sur le marché. Aujourd'hui que le capitaliste n'achète plus le prolétaire qui travaille à son usine, sa vie lui est moins précieuse que celle du cheval qui traîne son camion ; le capitaliste n'a aucun intérêt à l'empêcher de mourir, précisément parce qu'il ne l'achète pas. C'est un beau résultat de la proclamation de la liberté !

Comment celui qui ne possède rien, et qui demain souffrira de la faim ou mourra s'il ne trouve pas à vendre son travail, pourrait-il contracter librement avec l'homme de qui dépend sa vie ou sa mort, le pain de ses enfants ou leur détresse dans les angoisses du besoin ? Comment pourrait-il exercer ses droits civiques avec indépendance, quand il sait que son maître le jettera dans la misère s'il refuse de lui livrer sa conscience ?

En proclamant le principe de la liberté, on a reconnu théoriquement la nécessité d'en réaliser les conditions ; mais, dans la pratique, on n'a rien fait pour rendre la liberté possible. C'est que les réformes nécessaires auraient nui aux intérêts de la classe égoïste qui a dirigé la Révolution et ne s'est préoccupée que d'en recueillir le profit pour elle-même. Necker a été le premier à élever la voix contre cette contradiction qui déclarait tous les hommes égaux dans l'exercice de la liberté, et qui établissait un ordre civil et économique dans lequel la liberté est irréalisable pour la multitude. Il appelait cela « l'hypocrisie de la liberté ». — « Au milieu d'une lutte universelle, disait-il, quand les armes sont inégales, la liberté n'existe que pour les forts... Au nom de la liberté, permettriez-vous à l'homme robuste d'améliorer son sort aux dépens de l'homme faible ? Eh bien ! l'homme fort, dans la société, c'est le propriétaire ; l'homme faible, c'est l'homme sans propriété. »

C'est pour réparer cette lacune et pour rendre à l'homme faible le minimum de protection et de liberté auquel il a droit, que s'est créée l'agitation socialiste contre laquelle se débattent les privilégiés égoïstes et les gouvernements qui les soutiennent. Le socialisme vaincra, parce que ses revendications concordent avec la justice et avec la nature raisonnable de l'homme ; parce que la foule prolétarienne prend de plus en plus conscience de l'iniquité de la condition qu'on lui a faite; parce que, si les prolétaires sont faibles dans l'isolement, ils l'emportent infiniment par la force du nombre sur ceux qui les oppriment. « Si le législateur, se trompant dans son objet, établit un principe contraire à celui qui naît de la nature des choses, l'Etat ne cessera d'être agité, jusqu'à ce que ce principe soit changé ou détruit, et que l'invincible nature ait repris son empire. » Cette parole de Jean-Jacques Rousseau explique les ardentes agitations de notre époque, et elle en prophétise le succès pour un avenir plus ou moins rapproché, malgré tout ce que la bourgeoisie pourra tenter afin d'en éloigner l'échéance.

En même temps que la nation proclamait l'égalité des droits, la bourgeoisie révolutionnaire en a détruit les conditions en livrant tous les intérêts économiques aux hasards d'une lutte où elle a pris soin de rendre les armes inégales en sa faveur. A l'égalité des droits elle a eu l'adresse de substituer l'égalité devant la loi : or, c'est elle qui a fait la loi ; et elle a pris ses mesures pour tenir sous sa dépendance les juges qui l'interprètent. Quelques milliers d'exploiteurs audacieux et sans scrupules ont eu bientôt fait de faire entrer dans leur domaine d'exploitation toutes les sources de production qui forment le fonds social; ils ont ainsi asservi le travail et réréduit sous leur dépendance tous ceux qui ont besoin de travailler pour vivre. Notre société est composé d'un petit nombre de riches, et d'une immense quantité de pauvres qui sont leurs salariés. Cela ne peut être la condition d'un ordre social paisible et durable. Aristote a dit avec sa pénétration profonde : « Tant que chacun ne verra pas son droit aussi respecté que le droit des autres, l'élément révolutionnaire existera dans l'État. La société civile la plus parfaite est celle qui existe entre citoyens vivant dans une condition moyenne. C'est un très grand bonheur que les citoyens ne possèdent qu'une fortune médiocre, et suffisante pour leurs besoins. Car toutes les fois que les uns ont d'immenses richesses et que les autres n'ont rien, il en résulte ou la pire des démocraties, ou une oligarchie effrénée, ou une tyrannie intolérable. » (Politique. VI).

Qu'importe la longue tradition des iniquités qui ont fait gémir les multitudes pendant les âges où elles étaient ignorantes de leurs droits et inconscientes de leur force? Les droits de la raison restent inaliénables et imprescriptibles.

Pour que la société vive en paix, les hommes doivent tenir l'organisation sociale en harmonie avec leur nature; à mesure que celle-ci s'élève par le progrès des facultés supérieures, la raison et la conscience s'éclairent sur ce qui est juste et injuste, et il devient nécessaire d'adapter les institutions à la conception que la masse sociale s'est faite de la justice et du droit. Il ne s'agit plus de ce qui est et de ce qui a été, mais de ce qui doit être; c'est un des principes fondamentaux de la Révolution française, « que ce qui est juste doit devenir légal. »

DISCUSSION DES BASES DE LA PROPRIÉTÉ

Il est incontestable que la propriété est un droit naturel de l'homme; car l'homme a tout autant le droit de posséder les fruits de son activité libre que de posséder sa liberté qui en a été l'origine. De plus, l'appropriation des choses qui nous sont indispensables pour la satisfaction de nos besoins essentiels, est une nécessité. Il ne s'agit donc pas de discuter le droit de propriété, mais de rechercher dans quelles conditions ce droit existe et peut s'exercer légitimement.

De toutes les formes de la possession que les lois protègent, c'est la possession du sol qu'elles ont entourée des garanties les plus jalouses, comme si elles ne lui avaient pas trouvé dans la conscience et la raison un fondement assez solide. « Après s'être emparés de la terre, a dit Necker, les hommes ont fait des lois de garantie contre la multitude, comme on met des abris dans les bois contre les bêtes sauvages. » Mais la légalisation de la possession du sol n'est pas suffisante pour en fonder la légitimité, car le droit a son origine dans la nature, et non dans les conventions humaines.

A l'époque où la terre était peu habitée, chacun y trouvait facilement sa place, et l'appropriation du sol ne nuisait à personne ; il importait, au contraire, à la société d'en favoriser la culture, en attribuant à chacun la possession du terrain qu'il avait cultivé. La communauté tirait avantage des fruits qu'on y récoltait, quand ils excédaient les besoins de ceux qui le faisaient valoir ; par l'échange ou par la vente, le superflu des uns augmentait le bien-être des autres. Il en est encore ainsi dans les pays qui ont peu d'habitants : dans l'Amérique du Sud qui n'a que trois habitants en moyenne par kilomètre carré, dans l'Afrique et l'Amérique du Nord qui n'en ont que cinq, l'appropriation des terrains inoccupés n'entrave point pour le moment la liberté de tous, et il est utile que l'occupation des terres y soit encouragée, puisqu'elle provoque la mise en valeur du sol. Mais dans l'Europe qui a trente-sept habitants par kilomètre carré, dans la France qui en a soixante-et-onze, dans la Belgique qui en a deux cent sept, les conditions de la vie sont toutes différentes. Il faut pourtant que les sociétés qui occupent ces contrées trouvent le moyen de rendre possibles pour tous les conditions de l'existence, sans détruire les conditions de la liberté. En passant dans les habitudes des peuples et en prenant force de loi, l'accaparement du sol et de ses richesses naturelles, qui avait été une tolérance utile dans l'origine, a donné lieu par la suite à un état de choses où la liberté de la masse des hommes est asservie par un petit nombre, qui, possédant exclusivement le fonds naturel, et pouvant en disposer sans restriction suivant leurs intérêts, rendent aléatoires la vie et la liberté de tous les autres.

Pour consolider cette prise de possession primitive, les hommes ont d'abord inventé le *droit du premier occupant*, auquel ils n'ont pas même assigné de limite. Afin de montrer que ce prétendu droit n'a aucune valeur pour consacrer l'appropriation du sol, Necker demandait aux propriétaires si leur titre de possession était écrit dans le ciel, ou s'ils avaient apporté leurs terres de quelque planète. Il leur demandait également si des hommes seraient autorisés, en vertu de ce prétendu droit, à s'approprier l'air qui est indispensable à la vie ; il imaginait des gens inventant des pompes et des machines de compression capables d'accumuler l'air en certaines places, de le raréfier sur les autres points de la terre, de sorte qu'il ne suffirait plus à l'existence des hommes. Est-ce que vous laisseriez, disait-il, quelques privilégiés disposer ainsi de la vie du reste de l'humanité ?

Respectueux, d'ailleurs, de la propriété, Necker ne réfutait le droit du premier occupant que pour donner à la propriété une base plus ferme dans la présomption de son utilité sociale. A l'individu isolé disant : « Je veux faire ce qui me plaît », il opposait la société disant : « Je ne veux pas qu'un homme puisse faire ce qui me blesse. » Par conquent, Necker n'admettait pas que l'appropriation du sol fût un droit naturel de l'individu. Mais une conséquence qu'il aurait pu apercevoir, c'est qu'en détruisant le droit individuel de propriété résultant de l'occupation première, et en prétendant en fonder la légitimité sur la convention sociale, il en faisait crouler la base. En effet, la société ne peut créer aucun droit ni en détruire aucun : tout droit préexiste à l'organisation sociale ; celle-ci n'a pour objet que d'assurer à tous la jouissance de leurs droits naturels ; et aucune loi n'est juste ni intrinsèquement bonne, quand elle n'en est pas l'interprétation fidèle.

Locke aussi était respectueux de la propriété du sol ; et, lui cherchant une base plus solide que la première occupation, il crut pouvoir la fonder sur le travail. Mais il vit se dresser devant lui cette grave objection, qu'il formula sans pouvoir la résoudre : « Il faut qu'en s'appropriant certaines choses, on en laisse assez d'autres de même nature pour satisfaire aux besoins de tous les hommes ». Or, cette condition est inconciliable avec l'appropriation de la terre et de ses ressources naturelles. L'Ancien Monde est habité par une multitude dont plus des trois quarts ne possèdent rien qui puisse leur fournir ce qui est nécessaire à leurs besoins essentiels. C'est là que gît le problème autour duquel s'agitent les réformateurs de notre temps.

Ni l'occupation première, ni la convention sociale, ni même le travail ne peuvent suffire à fonder la propriété perpétuelle du sol et à lui donner le caractère d'un droit naturel. L'appropriation de la terre n'est qu'un fait toléré, qui fut utile à l'origine, et qui serait encore tolérable, si la société avait pris soin de réprimer les abus auxquels ont donné lieu son extension illimitée et l'âpreté de l'exploitation exercée sur les travailleurs de l'agriculture; mais devant le droit naturel inscrit dans la raison, la propriété n'existe comme droit légitime et inviolable que sur les choses produites par le travail humain.

Sur la terre et sur les sources de production créées par la nature, l'homme n'a qu'un droit d'usage, c'est-à-dire, le droit d'y appliquer son travail pour en tirer ce qui est nécessaire à ses besoins et à l'embellissement de son existence. Ce droit est temporaire et limité dans son extension par le droit égal de tous ; pour en jouir, chacun doit l'exercer personnellement par son travail, mais non par l'exploitation de mercenaires travaillant pour son compte.

Si l'occupation première n'a aucune valeur pour légitimer la propriété du sol et des sources naturelles de production, il n'en est plus de même relativement à l'exercice du droit d'usage. L'homme qui a rencontré un terrain inoccupé et l'a mis en culture par son travail personnel, n'ayant adapté à son usage qu'une portion du fonds naturel proportionnelle à ses besoins et à sa capacité de travail, a droit à la jouissance de ce bien jusqu'au jour où il cessera de le faire valoir par son propre travail. Le surplus de valeur qu'il peut avoir ajouté à cette terre par les améliorations qu'il y a apportées, lui appartient, parce qu'il est le fruit de son œuvre, et il devra en être indemnisé par celui qui le remplacera ; c'est d'ailleurs la seule valeur vénale et transmissible qui existe sur ce terrain. (Voir le chapitre du *Droit d'usage et de sa transmission*, page 79).

LES PRODUITS DU TRAVAIL SONT LES SEULS OBJETS DE PROPRIÉTÉ

S'il est contraire au droit naturel, promulgué dans la raison, que quelques-uns aient accaparé la terre, seule nourrice des êtres vivants, il n'en est pas moins vrai que la nature avait fondé pour l'homme un droit de propriété qu'elle avait gravé dans sa conscience, en même temps qu'elle le soumettait à la loi du travail. Mais les lois de la société n'ont point sanctionné cette propriété comme elles ont garanti l'appropriation abusive de la terre et des biens naturels qu'elle renferme.

Tout homme a reçu, avec la loi de vivre, le droit imprescriptible d'employer librement son activité pour créer ce qui est nécessaire à sa subsistance. Ce qu'il produit est à lui, parce que les fruits de son travail naissent de son activité qui est l'essence même de son être. Que cet homme vive au sein d'une organisation sociale ou dans l'isolement de l'état sauvage, ce droit est le même, parce qu'il le tient de la nature. Mais combien de difficultés le désordre social n'a-t-il pas accumulées devant les hommes qui sont obligés de se procurer par le travail ce qui est indispensable à la vie? Il y a, dans la société, bien des malheureux dont la vie est si dure qu'ils envient le sort des Indiens dans les forêts de l'Amérique. Les bêtes sauvages peuvent encore se creuser une tanière dans les bois ou se procurer un gîte au bord des fossés; on ne permettrait pas à un être humain de s'y faire une cabane de branches et de feuillage.

Pour conserver à tous les hommes le droit inaliénable de vivre par leur travail, il eût fallu que le fonds commun, livré à tous par la nature pour fournir à leurs besoins essentiels, eût été préservé de l'appropriation perpétuelle au profit de quelques-uns. Les institutions sociales, au contraire, ont légalisé l'accaparement de la terre et l'ont proclamé un droit sans limite. Le sentiment du droit naturel a même fini par s'obscurcir sous l'oppression des lois conventionnelles instituées par les forts pour consacrer les privilèges qu'ils avaient usurpés. L'homme pauvre ne peut plus jouir de son droit de travailler pour vivre que sous le bon plaisir de ceux qui ont monopolisé la matière du travail; et il ose à peine s'avouer qu'il est victime d'une odieuse iniquité, parce que la longue tradition des lois et des coutumes lui en impose assez pour lui faire croire à leur justice.

C'est le travail seul, ou, si vous préférez, c'est l'activité libre, s'exerçant pour un objet utile, qui fonde la légitimité de la propriété ; et le droit de propriété ne s'étend qu'aux produits du travail, du travail intellectuel comme du travail manuel. Après son corps et ses facultés qui constituent son être personnel, l'homme ne possède légitimement que ce qui existe par son effort individuel, et les biens qu'il a reçus par la volonté de ceux qui les avaient produits; et c'est aussi la seule propriété qu'il ait le droit de transmettre par l'héritage, la vente, l'échange ou la donation.

Mais voyez combien sont arbitraires les conventions humaines, et combien le sentiment du droit est vacillant dans notre société qui ne protège

que ce qui est consacré par la sanction officielle,
c'est-à-dire, par la loi du plus fort. Est-il rien qui
soit plus absolument la production de l'activité
libre que les œuvres littéraires et artistiques, que
les inventions de la science? Cependant, avec combien de peine est-on parvenu à faire consacrer
par les lois cette sorte de propriété? Pourquoi les
ouvrages de nos grands écrivains, sont-ils tombés
sans protection dans le domaine public? Pourquoi
les plus belles découvertes du génie ont-elles été
sans profit pour ceux qui les ont faites, lorsque la
société témoigne tant d'indignation contre ceux
qui contestent la légitimité de l'appropriation perpétuelle du sol et de sa transmission par héritage?
Il est noble, sans doute, de livrer généreusement
sa pensée dans un but d'éducation morale ou
idéale, et d'abandonner ses inventions pour le
bonheur de l'humanité : le prosélytisme désintéressé de Jean-Jacques Rousseau, qui copiait de la
musique pour vivre et abandonnait au public ses
livres sur lesquels allait se faire le grand mouve-
ment de réforme sociale et politique dont nous ne
sommes encore qu'au début, mérite plus de respect que le mercantilisme habile de Voltaire, vivant en grand seigneur du produit de ses ouvrages.
Mais enfin, si la propriété et l'héritage sont un

droit naturel, la nature n'en a pas inscrit la loi au fond de la conscience humaine pour qu'elle serve seulement à garantir et à transmettre la possession du sol dont la légitimité est contestable, et celle du capital monétaire qui est souvent le fruit de la déprédation.

Quelle peut être, par exemple, l'utilité sociale de la spéculation, qui, sans rien produire elle-même, s'enrichit des produits du travail en troublant le marché par des ventes et des achats fictifs et en tendant des pièges aux producteurs? La spéculation est une des grandes calamités sociales, quoi qu'en aient dit les économistes de la bourgeoisie, et l'acquisition de la fortune par son moyen, est une iniquité. Pourtant, dans l'aristocratie financière, il y a peu de capitalistes qui ne doivent leur richesse à ce genre de spoliation. Est-ce que les lois sociales ne protègent pas la fortune ainsi acquise beaucoup mieux qu'elles ne protègent les fruits du travail de l'ouvrier? Ne vous avisez jamais de parler de réforme sociale et économique devant ces hommes qui sont devenus immensément riches en écumant la production des travailleurs, et ne contestez pas la légitimité de leurs fortunes ; vous soulèveriez leur indignation, et ils ne manqueraient pas de vous dire : « Les socialistes sont des gens qui veulent mettre la main dans la poche de leurs voisins. »

Bien que la législation moderne et la civilisation aient réprimé la barbarie des violences individuelles, aucune époque n'a peut-être été scandalisée autant que la nôtre par de vastes déprédations, accomplies sous le couvert des lois sociales et favorisées par les pouvoirs publics. Il faut compter, sans doute, parmi les malfaiteurs de notre temps, les malheureux qui ont été poussés au vol par les difficultés de la vie, résultant des iniquités sociales, par la mauvaise éducation ou par la dépravation des exemples descendus des hautes sphères de la société : les pick-pockets qui volent un porte-monnaie, les cambrioleurs qui dévalisent une chambre de bonne, les misérables qui enlèvent un pain pour nourrir leurs enfants, méritent évidemment les rigueurs de la justice, et ils y échappent rarement. Comme ils ne sont point arrivés à réaliser dans leur industrie des fortunes suffisantes pour se procurer un abri, la société, qui a peut-être négligé quelques-uns de ses devoirs envers eux, répare cette négligence en leur ouvrant généreusement les portes de ses prisons et de ses bagnes. Mais il y a des voleurs honorés, dont la main délicate s'introduit dans toutes les poches, et pour lesquels la justice sociale a des trésors d'indulgence : ce sont les organisateurs de sociétés véreuses, les agioteurs, les spéculateurs, les préparateurs de krachs financiers, les accapareurs, les falsificateurs de marchandises, beaucoup d'autres malfaiteurs distingués, à qui personne ne pourrait se flatter de n'avoir pas payé tribut. Il prélèvent la dîme, d'une façon ou d'une autre, et le plus souvent de plusieurs manières à la fois, sur tout ce que nous consommons, sur tout ce que nous produisons, sur l'or, sur l'argent, sur tout ce qui représente la production et le salaire. Ils sont considérés ; plusieurs d'entre eux se sont élevés aux plus hautes fonctions de l'Etat ; sur leur poitrine on voit briller les décorations qui sont le signe des grands services rendus à la société ; les lois et la magistrature, si sévères pour les malheureux qui volent un morceau de pain, pour ceux même qui osent le solliciter comme une aumône, s'inclinent avec respect devant eux. Ils ont de l'or, des châteaux, de grands domaines territoriaux, des parts importantes dans les syndicats qui exploitent les mines, les chemins de fer et les autres monopoles industriels. Si vous prétendiez devant eux que de telles propriétés sont sujettes à contestation, ils vous écraseraient de la très sainte majesté de leurs richesses comme dit Junéval, *Sanctissima divitiarum majestate*. Et les journaux qui ont vendu la complicité de leur réclame à ces parasites pour leur permettre de s'enrichir du travail des autres, ne manqueraient pas de vous signaler à l'exécration des honnêtes gens.

LE TRAVAIL NE LÉGITIME PAS LA PROPRIÉTÉ PERPÉTUELLE DU SOL

—

Ni le droit du premier occupant, ni la consécration légale n'ayant paru suffisants pour légitimer la propriété perpétuelle du sol, les économistes officiels qui s'efforcent d'en étayer l'appropriation contre les théories socialistes qui l'ébranlent, lui ont cherché, à la suite de Locke, une base plus ferme dans le travail; et par le travail, ils lui donnent pour fondement la liberté même, parce que le travail humain est censé le libre exercice de l'activité. Jean-Baptiste Say et Léon Say ont dit : « La propriété est le fruit du travail. » Il est incontestable que l'homme a tout autant le droit de posséder les produits créés par son activité libre, quand son exercice ne porte pas atteinte à la liberté des autres, que de posséder sa liberté elle-même. Mais le travail est-il suffisant pour légitimer l'appropriation de la terre qui est une création de la nature ?

Les économistes prétendent que l'effort humain appliqué à la terre, soit pour la fertiliser, soit pour la découvrir, en consacre la possession. Ils allèguent que la terre, une fois fertilisée, a beaucoup plus de valeur qu'auparavant, et que la plus-value qui lui a été donnée par l'activité du premier cultivateur, est sa propriété, parce qu'elle est née de ses efforts, — ce qui est, en effet, conforme à la justice. Ils disent que, cette plus-value, ajoutée à la terre par la culture, ne pouvant se séparer du sol fertilisé, le sol doit nécessairement être possédé par celui qui l'y a mise, afin qu'il puisse jouir du fruit de son travail ; et que la terre, une fois possédée par l'un, ne peut plus sans contradiction devenir la propriété d'un autre, si le premier ne lui transmet son droit.

De cette théorie il résulterait qu'un homme qui a pris possession d'une terre inoccupée et qui l'a cultivée de manière à en tirer des fruits qu'elle

n'aurait pas donnés sans son intervention, a acquis
sur cette terre un droit perpétuel qu'il transmet-
tra par héritage à ses enfants et ceux-ci à leurs descendants jusqu'à l'extinction de l'humanité. Voici
comment Necker repoussait cette prétention :
« Celui qui, dans l'origine, planta quelques pieux
autour d'un terrain et y jeta la semence, aurait-
il obtenu à ce seul titre le privilège exclusif de ce
terrain pour tous ses descendants jusqu'à la fin
des siècles ? — Non, non, tant d'avantage ne pouvait appartenir à ce petit mérite. »

Combien sont-ils, d'ailleurs, parmi les propriétaires, ceux qui possèdent leurs terres par transmission ininterrompue et volontaire, depuis le
premier tenancier ? Il est très probable que, dans
l'Ancien Monde, il n'y a pas une parcelle de terre
cultivable qui n'ait été arrachée une ou plusieurs
fois à ses maîtres par l'expropriation violente. Il
n'existe donc pas de tradition par laquelle on
puisse faire remonter la propriété du sol jusqu'à
ceux qui l'ont mis les premiers en culture.

Quoi qu'il en soit, nous admettons bien que la
valeur donnée à une terre par les soins de celui
qui l'a cultivée, est devenue sa propriété ; mais
nous ne pouvons voir ni raison, ni justice, ni
nécessité, à ce que la jouissance de cette plus-

value du sol entraîne avec elle la possession perpétuelle du fonds créé par la nature. L'action fertilisante, appliquée une fois à la terre, n'a pas un effet perpétuel; son influence s'éteint en peu de temps, si elle n'est pas entretenue par le travail. Elle n'a donc de valeur réelle, au profit de celui qui l'a produite, que pendant la période très limitée où elle existe de son fait. Or, cette période est facile à déterminer d'après les données de l'expérience. On peut donc facilement aussi déterminer la valeur de l'action fertilisante due au travail du cultivateur et à ses frais d'aménagement. Par conséquent, lorsqu'une terre passe, des mains de celui qui l'a le premier mise en culture, aux mains d'un acheteur ou d'un fermier, la seule valeur vénale qui appartienne au premier tenancier, et dont il puisse disposer à son gré, est celle du travail utile qu'il y a laissé après lui.

On allègue l'utilité sociale. Soit; mais si l'appropriation de la terre, qui a été sanctionnée à l'origine, parce qu'elle était alors conformé au bien-être général, est devenue par la suite une calamité publique, qui expose la multitude à la dégradation par l'esclavage et à la mort par les privations, est-il rationnel de maintenir cette sanction qui n'a pas sa raison d'être dans le droit, mais dans une tolérance jadis utile? La loi et la coutume ne peuvent détruire le droit naturel qui est imprescriptible et éternel. Si l'accaparement du sol ne repose sur aucune base inébranlable, le jour où il est devenu nuisible au bien-être commun, le droit reprend son empire. Si la partie de la société qui est lésée par une tolérance désormais abusive, possède la force pour la faire cesser, elle en a, non seulement le droit, mais le devoir. Il ne peut être éternellement légal que les uns vivent dans la dépendance et meurent par le besoin, parce que les autres se sont emparés et sont restés maîtres de toutes les sources de ce qui est nécessaire à la conservation de la vie. La nature a posé dans la conscience humaine des lois fondamentales contre lesquelles tout ce qui se fait est nul de droit, comme disait Bossuet.

L'appropriation du sol par les uns aux dépens des autres n'a pas plus sa raison d'être dans la nature que l'appropriation de la liberté d'autrui par l'esclavage. Elle produit d'ailleurs les mêmes résultats : elle force les uns à vivre dans la dépendance des autres et à travailler pour leur bien-être. La foule asservie par l'accaparement de la terre et de ses richesses naturelles est immensément plus grande que celle qui avait été soumise à la servitude légale par les sociétés anciennes. Les soucis de la vie ne sont pas moins douloureux pour le travailleur pauvre, proclamé libre par la loi moderne, qu'ils ne l'étaient pour le serf et pour l'esclave. Si, comme citoyen, celui-là a un peu plus de dignité nominale, il a moins de sécurité réelle : un mot de son patron peut, du jour au lendemain, l'exposer aux angoisses du besoin avec ses enfants. Dans leur condition humiliante, l'esclave et le serf avaient du moins le logement et la nourriture assurés, ils pouvaient penser au lendemain sans pâlir. Aujourd'hui, un certain nombre de privilégiés ont accaparé la terre et monopolisé ses richesses naturelles ; d'autres se se sont rendus maîtres de l'industrie et du commerce ; et, à côté d'eux, vit dans la misère une multitude humiliée, qui ne peut exercer son droit à l'existence que sous leur bon plaisir. Que peut signifier le mot liberté dans de pareilles conditions?

La Révolution française a posé des principes dont les conséquences rationnelles auraient suffi à réaliser un ordre social conforme à la justice ; mais ceux qui ont dirigé la Révolution avaient intérêt à ne pas tirer ces conséquences ; et le peuple, enchaîné dans la sujétion par sa pauvreté, n'est pas même capable de faire usage, pour améliorer pacifiquement son sort, des droits politiques que lui reconnaît la loi. On ne lui laisse d'espérances que dans les moyens révolutionnaires. Les iniquités séculaires, défendues avec acharnement par ceux qui en ont le bénéfice, ne céderont point à la raison ni à la justice. La proclamation de la liberté politique et l'abolition de la servitude légale ont coûté des flots de sang, versés dans la guerre civile ou dans la lutte contre les souverains qui voulaient maintenir les anciens privilèges. L'humanité ne se laisse guérir des maladies morales invétérées dans son sein qu'après de violentes résistances ; et souvent encore, le mal que l'on avait cru abattre par une opération douloureuse, reparaît sous une autre forme dans le corps social, et y produit des désastres non moins lamentables que par le passé. Le peuple s'est affranchi de l'aristocratie du sang pour tomber sous l'aristocratie de l'argent ; qu'est-ce qu'il y a gagné ? La vie humaine est-elle plus respectée ? Des centaines de mille personnes meurent chaque année de privations dans l'ensemble des nations qui se prétendent civilisées : est-ce que les privilégiés s'en émeuvent ? Leur conscience, insensibilisée par l'égoïsme et par l'habitude de l'iniquité, se tranquillise en attribuant à la nature ou à la nécessité les décès et les catastrophes

causés par leurs privilèges. Mais comme ils fré-
miraient d'horreur, si les innombrables victimes
des injustices sociales menaçaient de faire tomber
quelques centaines de têtes pour rentrer dans la
jouissance de leurs droits naturels, et mettre fin
aux iniquités séculaires dont elles meurent en
immenses multitudes !

LE DROIT D'HÉRITAGE ET DE TRANSMISSION

Devant le droit naturel inscrit dans la raison, ce qui a été produit par l'activité de l'homme est la propriété de l'homme qui l'a produit, et cette propriété est aussi inviolable que la personne humaine qui l'a créée par son travail. Le producteur peut en user et en disposer à son gré, pourvu qu'il n'en fasse pas un usage *contraire à la liberté et au droit des autres*. Mais il ne faudrait pas dire, comme le Code civil, que le propriétaire ne peut faire de sa propriété un usage *contraire aux lois et aux règlements*, parce que les lois et les règlements, imposés aux faibles par les forts, n'offrent

3.

pas de garanties suffisantes du respect de la liberté, et autorisent souvent un usage de la propriété contraire au droit d'autrui. L'État ne peut en prélever que ce qui est indispensable pour payer les services publics par l'aide et sous la protection desquels les citoyens peuvent exercer librement leur activité et jouir de ses produits. Mais en dehors de ce qui a été produit par l'effort de l'homme, rien n'est objet de propriété devant le droit naturel. La raison ne reconnaît à l'homme, sur les biens créés par la nature sans l'intervention humaine, qu'un *droit temporaire d'usage*, proportionnel aux besoins de chacun et à sa capacité de travail, avec la sauvegarde des droits égaux de tous.

Chacun ayant la propriété de ce qu'il a fait naître par son travail et pouvant en disposer à son gré, sans autre restriction que le respect de la liberté d'autrui, tout homme a le droit inviolable de transmettre comme il lui plaît sa propriété, par héritage, par donation, par vente, par échange, ou sous toute autre forme qui ne blesse ni le droit des autres ni la morale. Le droit naturel n'autorise nullement l'État à imposer à la transmission un droit de mutation arbitraire, disproportionné au service de garantie qu'il lui rend. La propriété à payé l'impôt avant sa transmission et elle le payera encore après pour sa conservation. La sécurité de la transmission ne coûte guère plus à la société que la protection de la richesse quand elle est aux mains de son propriétaire; de quel droit l'exploite-t-elle plus dans un cas que dans l'autre? C'est une exaction de la force. On pourrait comprendre que, si la terre et les sources naturelles de production n'étaient pas considérées par la loi comme des propriétés réelles, mais comme des concessions sociales, la communauté exigeât une redevance à leur transmission, comme le seigneur féodal exigeait l'hommage et les droits afférents pour les biens féodaux qu'il faisait passer sur la tête de nouveaux bénéficiaires. L'intérêt de la société que l'on met en avant ne peut prévaloir contre la justice, et le droit social, qui est conventionnel, n'a aucune prise sur le droit naturel.

Le droit de transmission par héritage ne réside ni dans la loi civile, ni dans la personne de l'héritier qui recueille la succession; il a son unique fondement dans la volonté du testateur, qui dispose librement de son bien parce qu'il le possède légitimement pour l'avoir créé par ses efforts ou pour l'avoir reçu de la volonté de ceux qui l'avaient produit. Ce n'est pas parce que tel homme est allié par le sang à tel autre qu'il a le droit d'hériter de ses biens; c'est parce que telle est la volonté de son parent, ouvertement exprimée ou tacitement présumée suivant l'usage reçu.

Le père et la mère ont des devoirs envers leurs enfants, et les sentiments que la nature a mis en eux les invitent à ne pas les négliger. Les enfants ont par là même des droits correspondants à ces devoirs. Tout enfant apporte en naissant le droit de jouir des conditions de la vie, et doit être mis en état de pouvoir être utile. C'est là le devoir essentiel des parents. S'il l'oubliaient, la société, protectrice de tous les droits par délégation des citoyens qui la composent, devrait intervenir pour leur en imposer l'obligation, et au besoin, pour les suppléer dans ce devoir, au nom de la solidarité, si eux-mêmes n'étaient pas capables de le remplir. Mais quand un homme a satisfait aux devoirs essentiels exigés par l'état de paternité, peut-on prétendre qu'il est encore obligé, devant la nature, de laisser tout ce qu'il possède à son fils, de sorte que le devoir de tel père sera évalué à un milliard ou à cent millions, le devoir de tel autre à quelques mille francs, et le devoir de ceux qui ne possèdent rien à zéro? On pourrait

tout aussi bien prétendre que l'homme qui est
père de famille n'a pas le droit, même après avoir
pourvu aux besoins de ses enfants et à tous ses
devoirs domestiques, de distraire une part de ses
efforts pour un autre objet que la fortune des siens,
et lui interdire d'employer son activité et ses
lumières au service désintéressé de ses concitoyens ou de l'humanité. Le droit d'aînesse n'eût
pas été si contraire aux droits de l'homme que
cette prétention, s'il eût été fondé sur la volonté
du père et non sur les institutions sociales qui
n'ont point pour objet de fonder le droit, mais
qui devraient en assurer la jouissance à tous.

Dans la transmission des biens légitimement
possédés pour avoir été produits par le travail, la
société n'a que le devoir d'assurer l'exécution de
la volonté du testateur; et ce devoir marque la
limite de son droit. Si le propriétaire meurt sans
avoir fait connaître sa volonté, il est conforme à
la raison que la société présume son intention de
laisser la jouissance du fruit de son travail ou du
travail de ses ancêtres aux personnes qui perpé-
tuent sa famille; c'est un usage rationnel, parce
qu'il repose sur ce que les affections domestiques
sont généralement les plus fortes que la nature
ait mises au cœur de l'homme pour agir sur sa

volonté. De même, la société, chargée d'assurer la liberté, a l'obligation d'intervenir pour annuler un testament qui n'a pas été consenti librement, et de présumer ce qu'il aurait été, si la volonté du testateur n'avait été aliénée. Il en serait encore ainsi dans le cas où la transmission de la propriété aurait un objet immoral, et par là même contraire aux droits naturels de la société. Le rôle de la législation, dans les relations sociales, consiste essentiellement à veiller à ce que la liberté ne reçoive aucune atteinte et par conséquent, à ce que tous les droits soient respectés. L'utilité sociale elle-même ne peut prévaloir sur le droit du plus humble des citoyens, car le droit est le seul souverain du monde, et tous les intérêts doivent lui être subordonnés.

Ceux-là font donc passer l'intérêt par dessus le droit, qui veulent profiter de la mort des propriétaires pour confisquer, au profit de la société, une part quelconque des biens qu'ils ont acquis par leur travail ou qu'ils ont reçus de la volonté de ceux qui leur ont transmis librement le fruit de leurs efforts. C'est une forme hypocrite de la spoliation, et c'est faire servir la loi à l'injustice, que de décréter la prise de possession, au nom de l'État, d'une partie des biens légitimement possédés que l'homme laissera après sa mort. Mais s'agit-il des biens créés par la nature sans l'intervention de l'homme, la société a toujours le droit de les désapproprier, à l'avantage de tous, pourvu qu'elle les dégage du capital légitime qui a été placé sur ces biens avec son autorisation. Essayer de faire rentrer dans le domaine commun la propriété, quelle qu'elle soit, par l'impôt sur les successions ou par l'impôt progressif, c'est faire de la loi un instrument d'iniquité. La société n'a rien à prétendre sur les biens légitimement possédés ; elle a été fondée pour en assurer la conservation et la libre jouissance. Quant aux biens dont la possession n'est pas autorisée par le droit naturel, elle a le devoir de les faire rentrer dans le droit, mais non par des procédés arbitraires qui soumettraient à la même répression la vraie propriété et l'appropriation abusive.

CE QUI NE DOIT PAS ÊTRE APPROPRIÉ

L'Américain Dewir écrivait dès 1850 : « Voulez-vous savoir ce qui vous arrivera si vous autorisez le monopole de la terre dans cette république ? — Allez en Europe ; étudiez l'état de misère, d'épuisement, de dégradation des populations ouvrières, à côté du faste insolent d'une aristocratie oisive et débauchée, et n'oubliez pas que le même sort vous est réservé, si vous laissez l'aristocratie territoriale prendre racine dans ce pays. Le temps approche où les terres qui sont encore à votre disposition seront devenues à tout jamais des propriétés privées. Nos descendants s'efforceront en vain de se soustraire au salariat, à la triste condition des mercenaires. Il n'y aura point de champ qu'un capitaliste n'ait marqué de son sceau, où il n'ait planté sa borne; et le sort des générations futures ira toujours empirant. Nos neveux liront l'histoire de leur pays. Il apprendront qu'il fut un temps où leurs ancêtres auraient pu empêcher le monopole de la terre, sauver le patrimoine de leurs enfants, et le transmettre à leur postérité. Que diront nos héritiers en voyant que nous ne leur avons transmis que la misère et la servitude? » — L'Amérique n'a pas écouté ces paroles de sagesse. En cinquante ans, l'immense territoire des États-Unis a été morcelé en propriétés particulières définitives; les mines y ont été accaparées; le système des sociétés anonymes y sévit plus qu'en aucun pays; les syndicats de capitalistes et les trusts y exercent une tyrannie qui dépasse tout ce qui existe en ce genre dans la vieille Europe; la corruption y est aussi profonde que partout ailleurs; le paupérisme s'y est développé aussi rapidement que les grandes fortunes; et l'Amérique, malgré ses immenses ressources, n'est pas plus éloignée que les nations européennes du jour où la Révolution sociale y sera jugée inévitable, et s'accomplira avec la violence d'un peuple qui a exalté plus que tout autre le culte de la force.

La Révolution française s'est trouvée, elle aussi, après l'affranchissement des biens de main-morte, en face de plus d'un tiers des meilleures terres de la France, dont elle pouvait conserver le fonds intact et faire un magnifique noyau de propriété sociale, pour être mis au service de ceux qui ont besoin de travailler pour vivre. Mais la Révolution a été accaparée par la bourgeoisie avide de jouir de privilèges à son tour : celle-ci s'est approprié cet immense fonds naturel, puis elle a monopolisé l'industrie et le commerce ; et plus des trois quarts de la population française se sont trouvés asservis dans la misérable condition du salariat. Les principes de justice et de charité que l'idéalisme chrétien avait semés et cultivés dans la société européenne, sans réussir toutefois à les faire prévaloir entièrement sur les mœurs de la barbarie, protégeaient mieux la vie du pauvre contre l'iniquité que ne le font les législations modernes, qui ont prétendu fonder le droit sur l'unique base de l'intérêt. L'ancien régime avait accordé au droit collectif une place importante dans l'économie sociale. Au lieu d'en améliorer l'exercice, les juristes et les économistes modernes en ont détruit les derniers vestiges pour satisfaire des convoitises, et ils ont jeté de leurs propres mains, dans le sol de nos sociétés, les semences du socialisme révolutionnaire et violent. Un siècle après l'opération douloureuse à laquelle la société française a été soumise pour ouvrir une nouvelle phase de son évolution vers la justice, elle se trouve peut-être plus écartée du but qu'elle ne l'était auparavant. De la Révolution, il ne reste que de précieux principes, avec lesquels les institutions et les mœurs sont en complète opposition, parce que ceux qui se sont arrogé le droit de les mettre en usage, les ont interprétés au gré de leurs intérêts personnels.

Mais ce n'est point seulement l'utilisation de la terre cultivable qu'il est nécessaire de réformer d'après les principes du droit éternel, entre lesquels il n'y a jamais de contradiction; ce sont aussi les richesses minérales qu'elle porte dans ses entrailles qui doivent être adaptées équitablement au plus grand bien de tous; c'est surtout le travail accompli sur les matières premières qu'elle nous procure, qui doit être préservé de la spoliation et soumis à la loi de justice égale pour tous. La culture ne suffit pas pour satisfaire aux besoins des hommes : il faut des bras pour ex-

traire du sein de la terre les richesses qu'il renferme et pour les mettre au service de la société ;
il faut des hommes pour l'industrie, il en faut
pour le commerce ; il en faut pour les fonctions
publiques qui protégent la liberté, et pour les
professions libérales, qui, par la culture de la
pensée, poursuivent le progrès de la science, de
l'art, de la morale et de la civilisation. Le bien-
être social dépend de ce que chacun peut gagner
sa vie librement suivant ses aptitudes et disposer
à son gré du produit de son travail sans nuire à
l'exercice rationnel de la liberté des autres. Quand
le travail industriel et commercial sera affranchi
de la servitude du capital usuraire qui l'opprime,
il offrira des avantages qui le rendront aussi dé-
sirable que l'agriculture. Le cultivateur restera
volontiers dans sa profession où il se trouvera
à l'aise, comme l'artisan et le commerçant reste-
ront dans la leur où la vie leur sera facile. C'est
aux mêmes lois générales de justice et de liberté
que doivent être soumises l'économie agricole,
l'économie industrielle et l'économie commerciale.

La nature ne procède pas dans ses institutions
par des voies compliquées. Les phénomènes naturels, quelque variés qu'ils soient, s'unifient

dans quelques lois universelles que la science espère simplifier encore et ramener à un seul et même principe d'action, dont l'évolution, se poursuivant à travers le temps et l'espace, produit toutes les variétés et relations de faits qui constituent l'ordre matériel. Les hommes, au contraire, obéissant tour à tour à la raison qui veut toujours le bien, et à la sensibilité qui ne cherche que le plaisir, et plus souvent à celle-ci qu'à celle-là, ont établi l'état social sur une infinité de lois qui, loin de s'unifier, se ruinent fréquemment entre elles ou contredisent les principes essentiels de l'ordre moral. L'humanité, sortie, par la dépravation de la volonté, du plan naturel où elle devait accomplir son évolution suivant la loi de la raison, a souffert d'immenses douleurs par le désordre et l'injustice qui règnent dans son sein.

Le régime issu de la Révolution française devait y porter remède. Il a aboli l'esclavage et le servage des régimes précédents, mais ce n'est pas la liberté qu'il a mise à leur place ; il leur a substitué le salariat, qui est une forme d'asservissement beaucoup plus générale et souvent plus pénible que les anciennes servitudes légales. Le salariat eût pu cependant être une condition supportable, si, dès l'origine du nouvel ordre de

choses, les exploiteurs de l'industrie et des autres
formes du travail n'avaient pris soin d'isoler les
ouvriers, en leur enlevant le droit d'association,
pour les mettre dans l'impossibilité de discuter
avec eux la répartition des bénéfices de la production. Maintenant, la puissance du capitalisme est
tellement prépondérante que l'association des travailleurs n'est plus capable de relever la classe
ouvrière par la discussion pacifique des intérêts.
D'un autre côté, la réforme des rapports du travail
avec le capital est une œuvre absolument dispro-
portionnée aux capacités, aux sentiments et à la
volonté de nos législateurs, qui ne montrent d'aptitudes que pour exploiter le pouvoir et tromper
la bonne foi de ceux qui les élisent. Leurs intérêts sont contraires aux droits du prolétariat.

Par la longue tolérance de l'accaparement du sol,
la propriété foncière a pénétré profondément dans
les mœurs ; mais les hommes en souffrent toujours
davantage, parce que, maintenant plus qu'autrefois, le propriétaire imite, à l'égard des travailleurs de l'agriculture, l'exploitation exercée par
les capitalistes sur les ouvriers de la mine et de
l'industrie. Mais, en principe, l'appropriation perpétuelle du sol n'est pas plus légitimée par le droit
naturel que l'accaparement de la mine ou le mo-

nopole de l'industrie ou du commerce. Parmi les créations de la nature et les sources de production mises par elle au service de l'humanité, on ne pourrait s'approprier, comme l'a fait remarquer le philosophe anglais Locke, que ce qui est en quantité inépuisable, de sorte qu'il en resterait toujours assez pour satisfaire aux besoins de tous.

QUELQUES PRINCIPES DE DROIT NATUREL

———

La nature, ayant imposé à l'homme la loi de vivre, devait le placer dans des conditions où il lui fût possible de conserver la vie qu'elle lui a donnée. Elle l'a fait naître sur la terre quand celle-ci a été en état de lui fournir les moyens de subsister; et, en le faisant naître, elle l'a doué des germes de la raison, afin qu'il pût progresser et adapter rationnellement son activité aux sources de production qu'elle lui offrait dans la fécondité du sol sur lequel elle l'avait déposé. Tout homme qui reçoit la vie tient donc de la nature le droit d'user de la terre et de ses ressources pour en tirer par son travail ce qui est nécessaire

4

à la satisfaction de ses besoins. Or, tous les hommes étant soumis à la même loi, chacun d'eux a le même droit que les autres, et l'exercice du droit de l'un n'est limité que par le droit égal de tous. Et puisque, dans tous les temps, les hommes naissent avec les mêmes droits naturels, ils sont toujours autorisés par la nature à revendiquer l'existence des conditions qui rendent possible l'exercice de leurs droits. Mais ces conditions ont été détruites par les lois de la société, qui ont sanctionné l'appropriation perpétuelle de la terre et de ses ressources originelles, au profit de quelques-uns et au détriment de la multitude asservie par cet état de choses.

Le droit de propriété perpétuelle sur le sol n'existe pas plus, d'ailleurs, pour la société que pour les individus. Quels que soient les avantages que l'homme puisse recueillir de la vie sociale, le but rationnel et fondamental de la société n'a pu être que d'organiser la force de tous ceux qui en font partie, pour repousser et réprimer les agressions intérieures et extérieures contre le droit de chacun; les autres résultats de la vie sociale sont accessoires et secondaires, utiles seulement quand ils n'oppriment pas la justice. L'État, qui représente la force sociale, n'exerce que *par délégation* les droits que les membres de la communauté ont cru utile de faire exercer par la force commune, spécialement le droit de défense et de réparation, dont l'usage individuel a semblé incompatible avec l'ordre et la sécurité de l'association. Ce n'est que figurément que l'on peut dire de la société, comme de l'humanité, qu'elle est capable de propriété : la société et l'humanité sont des entités idéales; les individus associés sont seuls des êtres substantiels qui peuvent avoir des droits. Tout au plus pourrait-on nommer, dans un certain sens, propriété sociale, celle des biens créés par l'activité de tous dans un but d'utilité générale, ou concédés à tous dans le même but par ceux qui les ont produits; mais, en réalité, ce sont des biens indivis, dont l'Etat n'est que le régisseur délégué, non le propriétaire.

Les individus n'ont aucun droit de propriété sur la terre : ils n'ont sur elle qu'*un droit d'usage temporaire*, qui ne dure qu'autant qu'ils y appliquent leur activité personnelle pour lui faire produire ce qui est nécessaire ou utile à leur existence et à leur bien-être. Les membres du corps social ne peuvent donc déléguer à la société un droit de propriété qu'ils ne possèdent pas sur le sol. Quant à leur droit d'usage, ils ont de très bonnes raisons de s'en réserver à eux-mêmes l'exercice individuel et indépendant, ne confiant aux pouvoirs publics que la mission d'en assurer la jouissance.

Ce que l'on appelle la défense des intérêts sociaux ne peut être que la défense en commun des intérêts légitimes de chacun des membres de l'association. La défense du territoire national n'est pas autre chose que la défense des droits d'usage que possèdent tous ceux qui forment la nation sur la terre où ils sont établis. Les peuples sont, d'ailleurs, les uns à l'égard des autres, dans la même condition que les individus sont entre eux. Les nations qui n'ont pas sur leur territoire de ressources suffisantes pour satisfaire aux besoins essentiels des citoyens qui les composent, lorsque d'autres nations ont des ressources naturelles superflues, ont tout aussi bien, devant la nature et la raison, le droit de revendiquer un partage plus équitable de la terre, que les membres déshérités d'une société l'ont à l'égard des membres privilégiés; et, comme il n'y a actuellement aucun arbitre pour régler cette question, les peuples usent de leur droit en faisant appel à la force, c'est-à-dire à la guerre, comme les déshérités

usent de leur droit en faisant appel à la révolution, après avoir invoqué la justice, pour obtenir
leur part dans l'usage des ressources naturelles
qui n'ont point été créées par le travail humain.

Les grandes émigrations nécessitées par le besoin de vivre avaient leur justification dans les lois
de la nature morale aussi bien qu'en celles de la
nature corporelle. De même, les Européens, pres-
sés les uns contre les autres dans le Vieux-Monde
qui ne peut les nourrir, sont allés chercher en
Amérique, en Afrique et en Océanie, le moyen
d'exercer leur droit à l'existence. Sans excuser les
procédés barbares et déloyaux qu'ils ont souvent
employés à l'égard des indigènes, on ne peut con-
tester que le fait d'exiger une part d'une terre
féconde, qui ne nourrissait pas deux habitants
par kilomètre carré, pour l'aménager suivant
leurs besoins et en tirer par la culture des produits capables de nourrir plus de vingt personnes
dans le même espace, était parfaitement légitime.

L'appropriation du sol et des sources de production ayant détruit le droit d'usage que la nature
a donné également à tous pour leur permettre
d'exercer leur droit à la vie par le travail, le problème social consiste à trouver le moyen de faire
cesser la première et de remettre chacun dans la

possession du second. Or, ce moyen est subordonné à la répression de l'usure capitaliste, qui règne actuellement en souveraine absolue sur tous les domaines de l'économie sociale. Il faut lui enlever cette souveraineté à laquelle elle n'a aucun droit. Le capital, quand la propriété en est légitime, est le produit économisé d'un travail utile, accompli par celui qui le possède ou par ceux qui le lui ont transmis volontairement : son objet naturel est de servir aux besoins de son possesseur. C'est par un abus de la force qu'il s'est rendu maître de toute la matière du travail et qu'il a réduit à la servitude tous ceux qui ont besoin de travailler pour vivre.

Tout capital qui a été employé à accaparer la terre ou les autres sources de production, doit, comme tout capital placé en rentes sur l'État ou hypothéqué sur des propriétés privées, se rembourser graduellement par son intérêt. C'est Bossuet qui a rappelé, dans son traité de l'*Usure*, cette théorie chrétienne d'émancipation à l'égard des capitalistes; et Bossuet n'était pas un démolisseur de la société. Lisez l'énergique homélie de saint Grégoire de Nysse *contre les Usuriers* et celle de son frère saint Basile sur le même sujet, et vous comprendrez que si le christianisme était resté fidèle à la doctrine humanitaire de ses fondateurs, les trois quarts de l'humanité ne seraient pas dépouillés de la liberté et du droit de vivre par une poignée d'égoïstes. Les chrétiens des premiers siècles condamnaient tout revenu de l'argent, obtenu sans travail, en même temps qu'ils faisaient un devoir de prêter sans intérêt par humanité. Moïse avait lui-même donné aux Juifs une loi semblable; et les Romains n'avaient cessé de combattre l'usure avec une extrême sévérité. « L'usure, nous dit Tacite, fut de tout temps le fléau de cette ville, et une cause sans cesse renaissante de discordes et de séditions. Aussi, même dans des siècles où les mœurs étaient moins corrompues, on s'occupa de la combattre. Les *Douze Tables* réduisirent d'abord à un pour cent l'intérêt, qui, auparavant, n'avait de bornes que la cupidité des riches. Ensuite, un tribun le fit encore diminuer de moitié; enfin, on défendit tout prêt à usure; et de nombreux plébiscites furent rendus pour prévenir les fraudes de l'avarice, qui, tant de fois réprimées, se reproduisaient avec une merveilleuse adresse. Au temps de Tibère, une légion d'accusateurs se déchaîna contre les usuriers; et les accusés furent tellement nombreux que le Sénat implora leur grâce. L'empereur l'accorda, et donna dix-huit mois pour régler toute créance conformément à la loi. Pour faciliter cette opération, Tibère fit un fonds de cent millions de sesterces, sur lesquels l'Etat prêtait sans intérêt pendant trois ans, moyennant une caution du double de la somme prêtée. » (Annales vi, 16). Caton le Censeur nous raconte aussi, dans son traité de la *Chose rustique*, que le voleur était puni du double, tandisque l'usurier l'était du quadruple. On peut juger par là combien les Romains trouvaient l'usurier plus dangereux que le voleur.

La science et la philosophie s'accordent pour nous dire qu'il est contraire aux lois de la nature et de la raison qu'un travail limité, qui a pris fin, produise des fruits perpétuels et illimités. Or, quelle différence existe-t-il, au point de vue de l'exploitation du travail par la richesse, si je tire perpétuellement, et sans travailler moi-même, un revenu d'une somme que j'ai prêtée, ou d'une autre somme que j'ai consolidée par l'achat d'un fonds de terre, ou enfin d'une somme que j'ai mise dans une société industrielle, commerciale ou financière pour qu'elle me rapporte le fruit du travail des autres? Il n'y a pas de réforme sociale à faire, si l'on ne commence avant tout par ré-

primer l'usure capitaliste et par réduire l'intérêt
de l'argent, sous quelque forme qu'il soit placé,
au minimum de ce que permettent les intérêts
sociaux. Une créance ne peut pas rapporter perpétuellement; il faut déterminer dans quelle
limite et dans quelles conditions elle se trouve
amortie par son revenu.

Une rénovation de l'économie sociale est beaucoup plus nécessaire actuellement que ne l'était,
à la fin du dix-huitième siècle, la réforme des
institutions politiques. Laissez-la s'accomplir par
la violence révolutionnaire, et, après avoir été
baignés de sang et brutalement dépouillés, vous
jouirez des douceurs de la société collectiviste,
où des politiciens et des énergumènes s'adjugeront
l'administration et la répartition de la propriété
collective; où vous dépendrez de la volonté des
chefs de parti dans l'exercice de votre droit à la
vie et au bien-être.

[illegible]

PRINCIPES D'AFFRANCHISSEMENT]

La Révolution française a proclamé, au nom de la raison, des principes fondamentaux qui renferment implicitement toute la justice sociale. Mais que peuvent des principes quand ils sont livrés à l'interprétation de l'égoïsme et de la force, qui les tordent et les mutilent pour les faire servir à des satisfactions d'intérêt personnel? Si la moralité progressait parallèlement à la science, on pourrait espérer que la nature raisonnable de l'homme prévaudrait un jour sur sa nature sensible et passionnelle, et que les grandes iniquités sociales s'atténueraient progressivement sous l'influence de l'honnêteté : mais la morale est en pleine décadence pendant que tout le reste progresse; et les croyances idéales qui l'épurent sont battues en brèche par la science elle-même. Ce n'est donc pas sur la vertu qu'il faut compter pour améliorer le sort des hommes; il faut s'appuyer sur l'intérêt de la masse sociale; la justice est toujours utile à l'immense majorité des hommes, l'injustice ne profite jamais qu'à un petit nombre.

Mais il faut d'abord que la multitude s'élève à la conscience de ses droits. Les hommes, dominés par la fascination de ce qui est de temps immémorial, et par les préjugés que les privilégiés entretiennent avec soin parce qu'ils leur sont utiles, osent à peine s'avouer que l'accaparement par quelques-uns de toutes les ressources naturelles ne doit pas être la condition rationnelle de l'ordre social; que tous les éléments du malaise de la société et de la famille prennent là leur origine première. Les économistes officiels semblent ne pas avoir d'autre raison d'être que d'entasser des sophismes autour de la base de notre système économique pour en dissimuler la fragilité devant la raison. C'est pousser le paradoxe un peu loin que de prétendre nous faire croire que la misère de la moitié d'un peuple et la gêne de la moitié du reste, occasionnées par l'accaparement des avantages sociaux au profit de quelques-uns, contribuent à faire régner la paix entre les hommes, et engagent les pères et les mères à multiplier le nombre de leurs enfants. Si les haines et les colères fermentent dans la société, puis éclatent en émeutes ou en attentats, si les familles se dissolvent ou s'éteignent, ce n'est pas ailleurs qu'il faut en chercher la cause profonde et toujours agissante.

La liberté est, dit-on, la grande conquête de la Révolution française. Qu'est-ce que l'on entend donc par la liberté? Est-ce que la liberté est possible pour qui ne peut exercer son droit à la vie par le travail que sous le bon plaisir des autres? Est-ce que tous ceux qui n'ont que leur travail pour vivre ne sont pas asservis, sous peine de vie ou de mort, aux intérêts des propriétaires et des capitalistes? Il n'y a qu'une liberté qui donne l'indépendance : c'est celle de l'homme qui peut gagner sa vie sans être soumis à la volonté des autres. Combien sont-ils dans cette condition, les travailleurs de la classe ouvrière? Ajoutez-y encore presque tous les salariés du commerce, de la plume, de la robe, de l'épée, de l'Église; et comptez ensuite combien il y a d'hommes en France qui soient indépendants dans l'exercice de leur droit à la vie. Allez au fond des choses, et vous pourrez vous croire autorisés à dire que, sous son étiquette libérale, le peuple français est un peuple d'esclaves. D'ailleurs, il en est ainsi partout où les biens naturels ont été appropriés à perpétuité.

Jamais peut-être la prévention des hommes en faveur de la loi, imposée par l'intérêt d'un petit nombre de privilégiés, n'avait été plus irréfléchie qu'elle l'est à notre époque. Jadis, il fallait, pour obtenir l'adhésion, que la loi fût représentée comme une émanation de la pensée divine; aujourd'hui, on ne croit plus à Dieu, mais on se soumet à toutes les élucubrations législatives de l'homme. Voyez avec quelle confiance le Code Napoléon a été adopté par un peuple qui venait de lutter contre toute l'Europe pour être libre. Il est vrai qu'il y avait alors une excuse : le législateur remettait l'ordre par la compression dans une société bouleversée. Mais, depuis cent ans, la classe qui a rempli les fonctions législatives, n'a cessé d'aggraver la situation sans aucune circonstance atténuante : elle n'a consulté que son propre intérêt. Son œuvre est un monument étrange, où l'iniquité trouve partout sa place à côté de la justice, où l'on n'a qu'à tourner les pages pour voir apparaître, à la suite, les contraires et les contradictoires ; nulle part le législateur ne semble s'être douté que, pour sanctionner la justice, la loi humaine doit s'identifier avec le droit éternel.

C'est ainsi que sont fixés dans les lois les rapports actuellement existants entre le capital et le travail. Or, le capital est la représentation d'un travail qui a pris fin, et dont les fruits n'ont pas été consommés par ceux qui les ont fait naître : sa destination naturelle est de servir à la satisfaction des besoins de ceux qui le possèdent. N'étant pas un travail actuel, ce n'est que par une fiction qu'il est assimilé à un agent producteur. Longtemps il s'est loué aux travailleurs pour leur procurer la matière et les instruments du travail ; mais, dans notre siècle, il a trouvé plus lucratif d'accaparer lui-même cette matière et ces instruments, et il a gagé l'ouvrier pour faire le travail à sa place. Il s'attribue la propriété des produits et n'en distrait, pour le malheureux dont il a fait son instrument, qu'une part aussi minime que lui permettent les circonstances ; et il a rendu ces circonstances désastreuses pour les ouvriers en leur faisant interdire par une loi inique le droit de s'entendre pour discuter leurs intérêts avec lui. Au capitaliste qui prétend s'autoriser de la liberté pour imposer sans restriction ses exigences aux pauvres, nous rappelons cette parole indignée de Necker : « Au nom de la liberté permettriez-vous au fort d'améliorer son sort aux dépens du faible? » Sur cette matière d'où dépend la jouissance du droit de vivre, la loi romaine interprétait beaucoup mieux que nous le droit naturel : elle ne permit jamais d'élever l'intérêt de l'argent au-dessus d'un pour cent, et elle punissait l'usurier plus que le voleur.

Il est donc juste d'affranchir les sources de production, y compris la terre, du capital qui les a accaparées. Pour atteindre ce but, il est nécessaire, autant que rationnel, de réduire l'intérêt du capital autant que peuvent le permettre les circonstances. Il deviendra possible alors d'amortir graduellement, par le revenu même de la terre et par celui des monopoles industriels et commerciaux, les capitaux qui y ont été légalement placés. Car il est parfaitement conforme au droit rationnel que l'argent prêté ou placé sous quelque forme que ce soit, pour produire sans l'intervention du travail de celui qui l'a placé, se rémunère et se rembourse par son propre intérêt en un temps déterminé. C'est ce que Bossuet enseigne au sujet de la Rente dans son traité de l'*Usure*. La raison ne peut admettre, que lorsqu'un capital a déjà été remboursé une fois et convenablement rémunéré, il ait encore le droit de se faire rembourser et rémunérer perpétuellement.

Ce sont là, malheureusement, des idées peu familières à la classe exploitée. D'autre part, elles sont très antipathiques aux économistes officiels qui servent la ploutocratie; et ce n'est pas par eux qu'elles se propageront. Quant aux meneurs du socialisme, ils ont un thème plus à la portée de leurs auditeurs dans l'utopie irréalisable de la *socialisation* de la terre et des sources de production, qui deviendraient une *propriété collective*, régie par l'état et mise en valeur par les citoyens, suivant leurs besoins et leurs aptitudes. On socialisera par l'expropriation violente sous forme de révolution, ou par la confiscation déguisée sous des formes légales. Et puis, voyez-vous la propriété collective administrée et répartie par des hommes ou des groupes politiques comme ceux qui se disputent sous nos yeux l'exploitation du pouvoir et des avantages sociaux? Est-ce que ce sera là la condition de la justice, de la dignité, de la concorde et du bien-être ? Dans l'état moral actuel, — et nous n'avons pas en perspective un moyen sérieux de l'améliorer, — un régime qui mettrait la vie des hommes à la merci des intérêts, des préférences et des antipathies, des caprices et des convoitises de pareilles gens, ferait de la société une arène pour toutes les discordes et pour toutes les violences, où il n'y aurait pas de place pour l'honnêteté ni pour la dignité.

LE DROIT D'USAGE ET SA TRANSMISSION

Examinons comment il est possible d'affranchir la terre sans porter atteinte à la propriété légitime qui y est attachée, et qui consiste en capital d'achat, en défrichements, fertilisation, plantations, clôtures et bâtiments d'exploitation.

Voici une terre qui a été défrichée, fertilisée, plantée, close et pourvue de bâtiments d'exploitation. Toutes les améliorations qui y ont été faites peuvent être appréciées à leur valeur réelle. Elles sont la propriété de celui qui les a produites par son œuvre, ou à qui elles ont été transmises par la volonté de ceux qui les possédaient légitimoment. D'après nos lois et nos usages, tous ces travaux d'amélioration font corps avec le sol lui-même ; et si un homme achète cette terre, il prend possession, comme propriétaire perpétuel, du sol qui n'est pas objet de propriété, en même temps que des travaux d'exploitation, qui sont la seule chose vénale et transmissible existant sur ce terrain.

Le sol, qui n'a pas été produit par l'activité humaine, ne doit être ni propriété individuelle, ni même propriété nationale. Les nations, comme les individus, n'ont sur le sol qu'un *droit d'usage ;* et le droit national d'usage n'est que la collection des droits d'usage individuels de chacun des membres de la nation. Car tous les droits sont individuels et inhérents à la nature morale de chaque homme : la société n'en peut exercer que par délégation ; elle ne peut détruire le droit naturel, c'est-à-dire, le droit de tous à participer aux bienfaits de la nature. La défense du territoire national n'est que la défense collective des droits d'usage de tous ceux qui, s'étant établis et associés sur une portion du globe pour y produire par leur travail les choses nécessaires à la satisfaction de leurs besoins, se sont engagés par un pacte commun à faire respecter réciproquement leurs droits individuels. Le patriotisme atteindrait sa plus haute puissance, si chacun des tenanciers de ce territoire recueillait intégralement les fruits qu'il y a fait naître par son travail.

Devant le droit naturel, celui que ne nous appelons le propriétaire du sol, n'en est que l'*usager*. Mais entendons-nous bien : l'usage légitime d'une portion du sol n'existe que pour celui qui l'utilise par son travail personnel pour en tirer sa subsistance et son bien-être, et non pour l'accapareur qui la fait cultiver par des fermiers ou des salariés, et en recueille perpétuellement les fruits grâce au travail des autres. Celui-ci est en-dehors du droit, et c'est précisément de la servitude qu'il a imposée à la terre et en même temps aux travailleurs agricoles, qu'il faut affranchir le sol et l'agriculture.

Considérons maintenant quelle est, devant le droit naturel, la condition du tenancier d'une terre, qui serait-lui-même le créateur des travaux de fertilisation et d'exploitation existant sur le fonds qu'il appelle sa propriété. La société, remplissant sa mission, qui est de faire respecter les droits de tous ses membres, lui garantit la jouissance de la portion du sol qu'il a aménagée pour ses besoins et ceux de sa famille, tant qu'il la

cultive par son propre travail. Le jour où il cessera, par sa volonté ou par sa mort, de la faire
valoir personnellement, tout ce qui lui appartient
sur ce terrain pour l'avoir créé lui-même, sera
transmis par vente, par donation ou par héritage,
et l'acheteur, le donataire ou l'héritier prendra sa
place. Celui-ci jouira sur le sol du droit d'usage
dont jouissait son prédécesseur, afin de pouvoir
tirer profit des travaux utiles qui lui ont été transmis, et il le cultivera par son travail personnel et
celui de sa famille. La société n'a pas à intervenir dans la transmission autrement que pour en
assurer la liberté et en garantir les effets.

Libre d'utiliser à sa convenance, sans nuire au
droit des autres, ce qui lui appartient en propre,
pour l'avoir produit par son œuvre, le tenancier
d'une parcelle du sol peut, au lieu de vendre ce
qui est à lui sur le terrain qu'il a fait valoir, le
céder en fermage à un autre cultivateur ; c'est-à-
dire plutôt, le lui vendre à échéances échelonnées ;
car il ne peut s'agir ici d'un fermage dont le bénéficiaire tirerait pour lui et pour ses descendants
un revenu perpétuel. Les travaux transmis n'auraient d'effet utile que pendant un temps très
limité, si l'activité du fermier ne l'entretenait
constamment : la valeur du capital d'exploitation

cédé à celui-ci sera donc appréciée d'après la quantité de travail utile qu'il renferme ; et sur cette évaluation seront basés le prix moyen du fermage annuel et le nombre d'années qu'il devra être perçu, suivant la même loi rationnelle qui doit régir les rapports du capital avec toutes les formes du travail : c'est-à-dire que, le jour où le tenancier sortant aura recouvré la valeur de son capital, augmenté d'un intérêt non usuraire déterminé équitablement par la loi, tous ses droits seront éteints : son remplaçant restera seul bénéficiaire des biens attachés au sol par le travail, et il recueillera désormais tout le profit de sa culture. Dans cette transaction, comme dans la vente et l'héritage, l'autorité sociale ne doit avoir d'autre rôle que d'en garantir les effets et de prévenir les abus de la force à l'égard de la faiblesse.

La transmission du droit d'usage temporaire sur le sol et sur les autres sources de production doit s'accomplir librement entre les membres de la société, par des contrats analogues à ceux qui ont servi jusqu'à présent à la transmission de la propriété foncière. Il faut que ceux qui ont besoin d'exercer leur droit à la vie en appliquant leur travail à la terre ou aux autres sources de production, ne soient pas en danger d'en être empêchés arbitrairement par les caprices ou les intérêts de la politique. Car, dans l'état actuel de la moralité sociale, le plus abominable régime économique serait de mettre les conditions de l'existence à la merci du favoritisme et de la partialité des partis et des sectes, en confiant aux pouvoirs publics l'administration du fonds social et la répartition de la matière du travail. C'est ce qu'il faut éviter à tout prix; car l'état de choses actuel est vraisemblablement moins oppressif et moins dégradant que ne le serait la socialisation du fonds naturel, si la vie des hommes devait dépendre de la volonté des chefs du gouvernement et des partis auxquels ceux-ci devraient le pouvoir.

De même que, suivant Bossuet, dont la doctrine n'est que l'interprétation des grands Docteurs chrétiens, la Rente, pour ne pas être usuraire, doit se rembourser par son propre intérêt dans un temps déterminé, de même il est juste que le capital qui a servi aux propriétaires pour accaparer le sol, s'amortisse progressivement par le revenu de la terre elle-même. L'argent n'étant productif que par une convention sociale, que les pauvres ont été contraints de subir à cause de leur faiblesse, la société a le devoir de réformer cette convention oppressive et de réduire, sous quelque forme qu'il se présente, le revenu usuraire de l'argent, autant que le permettent les intérêts de la masse sociale. Un capital parfaitement garanti, comme l'est celui qui est consolidé par l'hypothèque de la terre, pourrait en cinquante ans être équitablement remboursé et rémunéré au taux annuel de trois pour cent : soit 2 francs pour le remboursement et 1 franc de rémunération. Après cinquante ans, le sol serait définitivement affranchi, et la justice naturelle reprendrait son cours.

Tous les capitaux par lesquels ont été monopolisées les sources de production, quelles qu'elles soient, au bénéfice de rentiers qui n'y font point eux-mêmes le travail, mais qui en prennent le profit, doivent être soumis au même procédé d'amortissement.

Si l'on ne veut pas se résoudre à réprimer la licence usuraire que s'est arrogée le capital, il n'y a pas de réforme sérieuse à opérer dans l'économie sociale. Il ne reste plus qu'à apaiser les impatiences du prolétariat par des expédients, jusqu'au jour où, poussé à bout par la souffrance et par le sentiment de l'injustice dont il souffre et dont il a toujours souffert, il aura recours lui-même aux procédés tumultueux de la révolution. Mais les révolutions ne sont que de grands châtiments qui passent sur les nations par un effet de la justice immanente : elles n'ont jamais eu d'autres résultats que de dépouiller les uns pour enrichir les autres, et de faire passer les privilèges des bénéficiaires actuels à de nouveaux bénéficiaires, qui exploitent le peuple comme les premiers l'ont exploité. Elles ne sont profitables qu'à ceux qui ne reconnaissent comme règle des actions humaines que la loi de la force, et pour qui tous les moyens sont bons, pourvu qu'ils leur procurent une large part de jouissances.

Sans faire appel aux violences dangereuses de la révolution, il est des hommes qui préféreraient dépouiller les riches avec une apparence de modération en couvrant la spoliation de formes légales. Ils sont nombreux à notre époque ceux qui trouvent commode de faire de la loi l'instrument de l'injustice, et pour qui tout ce qui est légal est assez juste, quand ce sont eux qui font la loi. Ils soumettront la propriété à l'impôt progressif, comme s'il y avait aucun principe de droit rationnel qui permît de considérer une propriété d'un million comme étant intrinsèquement moins inviolable qu'une autre de mille, de dix mille ou de cinquante mille francs. Sans doute, les énormes fortunes n'ont pas ordinairement une origine très pure ; mais alors, c'est un autre procédé, beaucoup plus moralisateur, que l'on doit employer à leur égard : il faut les soumettre à une révision rigoureuse, et leur faire restituer ce qui a été acquis contrairement à la justice.

D'autres voudraient que l'on profitât de la mort de ceux qui possèdent, pour faire rentrer dans le domaine social une part de leurs biens, plus ou moins grande selon le degré de parenté de leur descendance. Ils essaient de justifier cette confiscation en disant qu'elle ne peut nuire aux morts. Sans doute, les morts n'en souffrent pas ; mais ceux qui sauraient pendant leur vie qu'on dépouillerait, après leur mort, les êtres chers dont ils auraient voulu assurer le bonheur, en seraient profondément tourmentés. D'ailleurs, là n'est pas la question : c'est uniquement dans le droit qu'il faut chercher la solution des questions sociales. Or, les biens légitimement acquis ne dépendent que de celui qui en est le légitime possesseur ; ils ne sont transmissibles que par sa volonté, librement exprimée ou simplement présumée conformément à l'usage établi, qui est très rationnel. Que le possesseur de ces biens veuille les transmettre à ses enfants, ou, s'il n'a pas d'enfants, à des collatéraux ou à toute autre personne, la société n'a rien à y voir; elle est seulement tenue par le pacte social d'en assurer la libre transmission. Tel est le droit. Le fisc lui-même, quand il prélève sur ces biens des frais de mutation disproportionnés avec le service de garantie que leur doit la société, commet une exaction; et ce n'est pas parce que cette confiscation est sanctionnée par la loi des hommes qu'elle est moins immorale.

PROPRIÉTÉ ET CAPITAL

RÉSUMÉ DES PRINCIPES

Le droit de propriété est inhérent à la nature humaine, comme tous les droits naturels de l'homme. Il ne peut donc être question d'abolir la propriété : tout le problème consiste à déterminer les conditions où elle est légitime et sacrée.

Tout homme, en recevant la loi de vivre, a reçu le droit de jouir des conditions de la vie. Or, toute vie corporelle se conserve en consommant des biens matériels, dont l'homme n'a la jouissance assurée que quand il les possède en propre. Il a des devoirs de famille à remplir qui nécessitent la propriété des mêmes biens. On ne peut même alléguer que la société y pourvoirait : la solidarité est un lien social trop indéterminé pour dégager l'homme de ses devoirs fondamentaux, qui préexistent à la vie sociale. La société ne crée pas les droits et les devoirs naturels, et elle ne peut les détruire ; elle n'est faite que pour en protéger et en faciliter l'exercice.

La liberté est un droit de l'homme et la dignité est un de ses devoirs. Or, il n'y a ni liberté ni dignité possibles pour celui qui est dans le dénuement des moyens de se procurer par lui-même ce qui est nécessaire à son existence et à l'accomplissement de ses devoirs. L'homme ne peut vivre, sans être à charge à ses semblables, que des produits de son travail ; il doit donc être placé dans des conditions où il dépende de lui de travailler d'un travail libre, comme il sied à un être dont la liberté est un droit primordial.

L'homme a donc, non seulement le droit, mais aussi le devoir d'acquérir par le travail, pour la satisfaction de ses besoins essentiels, pour l'accomplissement de ses devoirs, pour la dignité et l'embellissement de sa vie.

Le travail est l'exercice de l'activité de l'homme

pour une fin utile. Or, l'activité de l'homme est l'essence de son être et de ses facultés. Ce que produit l'activité de l'homme appartient à l'homme comme sa personne elle-même. C'est là la véritable base du droit de propriété.

Le respect n'est dû à la propriété qu'en raison de son origine. Toute propriété qui est le fruit du travail de celui qui la possède ou de ceux qui la lui ont transmise volontairement, est légitime et inviolable.

Les biens qui ne sont pas l'œuvre de l'activité humaine ne sont pas objets de propriété. Parmi les créations de la nature, l'homme ne peut s'approprier que ce qui est en quantité illimitée et ne peut manquer à personne. Le reste ne peut qu'être adapté à l'usage temporaire de l'homme, pour qu'il en tire par son travail ce qui est nécessaire à ses besoins.

La nature a mis la terre et les sources naturelles de production au service de l'humanité, pour que chacun puisse exercer son droit à la vie par le travail : elles ne peuvent être monopolisées au profit de quelques-uns.

Tous les hommes ayant le droit de vivre, chacun possède, au même titre que ses semblables, le droit d'appliquer son travail à l'une des sources.

de production pour en tirer ce qui est nécessaire à son existence et à la réalisation de sa destinée.

A l'époque primitive où la terre ne manquait à personne, elle put être appropriée par une tolérance utile. Mais l'extension illimitée de cette appropriation ne tarda pas à être nuisible au plus grand nombre. Elle provoqua l'esclavage, puis le servage, puis le salariat et le paupérisme qui sont l'esclavage de notre époque, aggravés dans leur extension et leur malfaisance par la monopolisation de l'industrie et du commerce. Il fallut des institutions tyranniques et des lois cruelles pour en maintenir le privilège, une éducation fausse et incessante pour en inculquer le respect et la faire pénétrer dans les mœurs.

Malgré tout, le développement de la réflexion et la conquête de la liberté de penser ont fini par remettre en question l'utilité et la légitimité de l'accaparement du sol et des autres sources de production.

Le fonds social ne peut cependant être exproprié purement et simplement par un acte de la force. Pour la plus grande partie des possesseurs actuels, il est un gage acquis, sous la garantie de la société, en échange d'un capital qui représente des produits du travail livrés à la société.

Mais ce gage ne peut être la propriété perpétuelle de ceux qui le détiennent. Lorsque le revenu de la terre a remboursé et rémunéré équitablement le capital pour lequel elle avait été donnée en gage, il est rationnel qu'elle cesse d'être la chose de celui à qui elle avait été livrée ; car alors la société est quitte envers son créancier, et le gage est libéré de l'appropriation.

C'est d'après ce principe de droit rationnel que le sol doit être affranchi de l'accaparement. C'est le seul procédé que l'on puisse employer sans léser la justice naturelle, tant que la société ne sera pas en état de rembourser d'une seule fois la valeur du sol accaparé, comme elle le fait dans les expropriations pour cause d'utilité publique.

La nature n'a donné à l'homme qu'un *droit d'usage temporaire* sur le sol, droit personnel comme tous les droits, ne durant, par conséquent, pas plus que la vie ; limité dans son extension par le droit égal de tous ceux à qui l'exploitation de la terre par le travail est nécessaire pour vivre ; chacun faisant le travail d'exploitation par lui-même et par sa famille, et non par des salariés. L'association pour l'exploitation du sol est, d'ailleurs, très rationnelle ; à condition que chaque associé ait une part des produits proportionnelle à son œuvre.

Pour la mise en possession de ce droit d'usage sur le sol, il faut éviter à tout prix qu'elle soit subordonnée aux intrigues et aux partialités de la politique.

Lorsqu'une portion du sol devient vacante, parce que le tenancier cesse de la faire valoir personnellement, par sa volonté ou par sa mort, il y laisse des travaux d'exploitation et d'amélioration, tels que bâtiments, plantations, clôtures, etc..., qui ont une valeur utile, et qui lui appartiennent pour les avoir produits lui-même ou les avoir reçus par contrat ou par héritage de ses prédécesseurs. Ils les transmet de même par contrat ou par héritage; car chacun peut disposer librement de ce qui est sien. Celui qu'il en investit ne peut en jouir qu'en prenant sa place sur le fonds de terre devenu vacant; il y exerce son droit d'usage et l'exploite par son travail personnel.

Le fermage de ce bien propre attaché au sol serait également rationnel, et faciliterait aux pauvres la mise en possession de leur droit d'usage sur la terre. Le fermage ne serait, en réalité, qu'une vente à échéances échelonnées, et le fermier serait libéré de toute redevance lorsque les annuités payées égaleraient le prix auquel ont été estimés entre les contractants les travaux utiles qui ont été transmis. Dans tous les cas, la transmission doit se faire par contrat volontaire entre les parties, et l'Etat n'a pas à intervenir, si ce n'est pour en garantir les effets et en assurer la justice.

Mais il ne s'agit pas seulement d'affranchir la terre et les travailleurs de l'agriculture. Il faut aussi faire cesser la monopolisation de l'industrie et du commerce par des riches qui n'y font point le travail, mais qui en recueillent les profits, afin que les bénéfices reviennent aux travailleurs, au lieu de servir à payer l'usure du capital.

La destination naturelle du capital est de servir aux besoins de ceux qui l'ont économisé sur les produits de leur travail; il ne doit pas être un moyen d'asservissement. Prêté au commerce, à l'industrie, à l'agriculture, au travail sous ses diverses formes, il rend service aux hommes et mérite une rémunération. Mais, vu la faiblesse de l'homme pauvre ou gêné qui emprunte, et la force du riche qui prête, la société a le devoir de surveiller et de réprimer les exigences du capital. Le capital prêté ne peut produire perpétuellement : quand il a été remboursé et convenablement rémunéré par son intérêt, il est devenu en droit la propriété de l'emprunteur. La loi romaine avait fixé à un pour 100 le maximum du taux de l'intérêt : c'était une rémunération, non un rembour·sement. Il ne peut en être de même chez nous où l'argent se fait rémunérer à des taux exorbitants. En 25 ans, le taux légal de cinq pour 100 rembourse le capital, tout en le rémunérant à un pour 100 comme chez les Romains.

Les sources de production, accaparées par le capital, l'ont été par un abus intolérable dont souffrent tous ceux qui ont besoin de travailler pour vivre. Elles doivent être graduellement libérées de l'accaparement par le revenu et par les dividendes que produisent annuellement les établissements industriels et commerciaux exploités par des capitalistes qui font faire par d'autres le travail dont ils prennent les bénéfices. Les sociétés d'actionnaires doivent cesser d'exister. Les fonds nécessaires au travail doivent être demandés à des obligataires recevant un intérêt fixe, qui sera une simple rémunération s'il est très minime ; ou que l'on fixera à un taux suffisant pour rembourser progressivement le capital en un temps déterminé.

La Société des mines d'Anzin a été formée, il y a environ 150 ans, par actions de 1000 francs, dont 500 francs seulement ont été versés : ces actions valaient, il y a quelques années, 1,200.000 francs. Les Mines de Lens ont été ouvertes il y a 50 ans : leurs actions de 500 francs, dont 250 fr. seulement ont été payés, valaient naguère 30.000 francs. Ajoutez à cette immense augmentation de fortune, obtenue sans travail, les dividendes perçus pendant 150 ans pour les premières, pendant 50 ans pour les secondes; et n'oubliez pas que les pauvres mineurs dont le travail a créé cette fortune, n'ont reçu, pendant tout ce temps, qu'un salaire moyen de trois francs et quelques centimes. Voilà une forme de la justice sociale et de l'équité des capitalistes!

La mine est, d'ailleurs, un bien d'une nature spéciale. Ce n'est point le travail humain qui a fait le charbon et les métaux que renferme la terre. La mine est un dépôt de produits que la nature a mis en réserve pour le service de l'humanité. Les gouvernements ont trahi la société en en livrant l'exploitation à des concessionnaires qui en tirent tout le profit pour eux seuls. Le travail des mines doit être fait au compte de la société, et les mineurs doivent être rémunérés par elle, en proportion de leur peine, de leurs dangers, des désagréments de leur vie et de leur savoir-

faire. Dans la mine, rien n'appartient aux actionnaires, si ce n'est le capital déboursé pour la
mettre en exploitation ; et quand ce capital a été
remboursé et convenablement rémunéré par les
dividendes, l'Etat a le devoir d'arrêter la spoliation
d'un bien sur lequel ils n'ont plus aucun droit.

Tous les capitaux placés pour obtenir un intérêt
ou des dividendes, dans les travaux d'utilité publique ou d'intérêt privé, dans les Chemins de fer,
les Canaux, les Assurances, la Banque, la Rente
elle-même, doivent s'amortir de la même manière
par leur revenu.

De même encore, le loyer des bâtiments amor-
tit graduellement le capital placé dans la construc-
tion et l'achat du terrain ; et une fois ce capital
remboursé et largement rémunéré, il est contraire
à la justice qu'il puisse se faire rembourser encore : — le revenu qu'il reçoit alors est un revenu
usuraire.

Ce ne sont pas les principes de justice inhérents
à la raison humaine qui ont fait le droit social ;
il a été formé par les empiétements de la force,
d'abord maintenus à l'état de coutumes, ensuite
consacrés par des lois, selon cette parole de Pascal : « Ne pouvant fortifier la justice, les hommes
ont justifié la force. » Le grand effort de l'éduca-

tion à travers les siècles n'a pas eu pour objet d'apprendre aux hommes à aimer la justice, mais de leur enseigner le respect des lois imposées par les forts. C'est pour continuer cette compression de l'intelligence, si utile à la conservation des privilèges, que les classes dominantes tiennent toujours énormément à posséder le monopole de l'éducation. Cette perpétuelle action compressive de la loi et de l'éducation sur l'intelligence a tellement dénaturé le mode de penser originel sur ce qui est juste ou injuste, que le droit rationnel a fini par se perdre sous l'envahissement du droit arbitraire de la force. Bien des principes naturels de justice sociale qui n'étaient pas étrangers aux grandes intelligences des temps passés ne trouvent plus de place dans les esprits de notre époque.

TABLE DES MATIÈRES